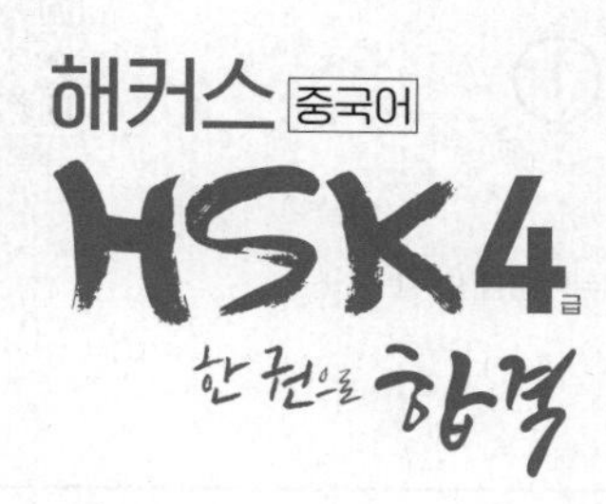

HSK4급

핵심어휘집

듣기·독해·쓰기 핵심어휘 & 쓰기 모범답안

01일 듣기 핵심어휘 ①

☑ 잘 외워지지 않는 표현은 박스에 체크하여 복습하세요. 🔊 핵심어휘집_01일

❀ 관계·직업

01	☐	家人	jiārén	명 가족
02	☐	夫妻	fūqī	명 부부
03	☐	妻子	qīzi	명 아내
04	☐	丈夫	zhàngfu	명 남편
05	☐	女儿	nǚ'ér	명 딸
06	☐	儿子	érzi	명 아들
07	☐	奶奶	nǎinai	명 할머니
08	☐	爷爷	yéye	명 할아버지
09	☐	孙子	sūnzi	명 손자
10	☐	阿姨	āyí	명 이모, 아주머니
11	☐	叔叔	shūshu	명 삼촌, 아저씨
12	☐	邻居	línjū	명 이웃
13	☐	房东	fángdōng	명 집주인
14	☐	母子	mǔzǐ	엄마와 아들, 모자
15	☐	演员	yǎnyuán	명 배우
16	☐	律师	lǜshī	명 변호사
17	☐	作家	zuòjiā	명 작가
18	☐	记者	jìzhě	명 기자
19	☐	警察	jǐngchá	명 경찰
20	☐	司机	sījī	명 기사, 운전사

❀ 시간·날짜

21	□	十分钟	shí fēnzhōng	10분
22	□	半个小时	bàn ge xiǎoshí	30분
23	□	早上	zǎoshang	명 아침
24	□	晚上	wǎnshang	명 저녁
25	□	上午	shàngwǔ	명 오전
26	□	下午	xiàwǔ	명 오후
27	□	今天	jīntiān	명 오늘
28	□	昨天	zuótiān	명 어제
29	□	明天	míngtiān	명 내일
30	□	星期	xīngqī	명 주, 요일
31	□	礼拜天/周日	lǐbàitiān/zhōu rì	명 일요일
32	□	周末	zhōumò	명 주말
33	□	下周	xià zhōu	다음 주
34	□	每个月	měi ge yuè	매달
35	□	月底	yuèdǐ	명 월말
36	□	九月末	jiǔ yuèmò	9월 말
37	□	每年	měi nián	매년
38	□	一年	yì nián	1년
39	□	最后	zuìhòu	명 맨 마지막, 최후
40	□	当时	dāngshí	명 당시, 그때

02일 듣기 핵심어휘 ②

☑ 잘 외워지지 않는 표현은 박스에 체크하여 복습하세요. 🔊 핵심어휘집_02일

❀ 집안일

01	☐	厨房	chúfáng	명 주방
02	☐	客厅	kètīng	명 거실
03	☐	卫生间	wèishēngjiān	명 화장실
04	☐	厕所	cèsuǒ	명 화장실
05	☐	洗手间	xǐshǒujiān	명 화장실
06	☐	擦	cā	동 닦다
07	☐	打扫	dǎsǎo	동 청소하다
08	☐	扔	rēng	동 버리다
09	☐	垃圾桶	lājītǒng	명 쓰레기통
10	☐	桌椅	zhuō yǐ	책상과 의자
11	☐	做菜	zuò cài	요리를 하다
12	☐	尝一下汤	cháng yíxià tāng	국을 좀 맛보다
13	☐	抬箱子	tái xiāngzi	상자를 들다
14	☐	搬东西	bān dōngxi	물건을 옮기다
15	☐	旧衣服	jiù yīfu	낡은 옷
16	☐	洗裙子	xǐ qúnzi	치마를 빨다
17	☐	收拾房间	shōushi fángjiān	방을 청소하다
18	☐	整理桌子	zhěnglǐ zhuōzi	책상을 정리하다
19	☐	修理冰箱	xiūlǐ bīngxiāng	냉장고를 수리하다
20	☐	送女儿上课	sòng nǚ'ér shàngkè	딸을 수업에 데려다주다

❀ 취미·여가

21	□ 爱好	àihào	명 취미
22	□ 共同	gòngtóng	형 공통의
23	□ 动物园	dòngwùyuán	명 동물원
24	□ 植物园	zhíwùyuán	명 식물원
25	□ 海洋馆	hǎiyáng guǎn	아쿠아리움
26	□ 电视剧	diànshìjù	명 드라마
27	□ 广告	guǎnggào	명 광고
28	□ 照相	zhàoxiàng	동 사진을 찍다, 촬영하다
29	□ 郊区	jiāoqū	명 교외, 변두리
30	□ 世界公园	shìjiè gōngyuán	세계 공원
31	□ 公园入口	gōngyuán rùkǒu	공원 입구
32	□ 森林公园	sēnlín gōngyuán	삼림 공원
33	□ 弹钢琴	tán gāngqín	피아노를 치다
34	□ 音乐会	yīnyuè huì	음악회
35	□ 听/唱京剧	tīng/chàng jīngjù	경극을 듣다/부르다
36	□ 京剧表演	jīngjù biǎoyǎn	경극 공연
37	□ 演出门票	yǎnchū ménpiào	공연 입장권
38	□ 看比赛	kàn bǐsài	경기를 보다
39	□ 电影院	diànyǐng yuàn	영화관
40	□ 国际电影节	guójì diànyǐngjié	국제 영화제

03일 듣기 핵심어휘 ③

☑ 잘 외워지지 않는 표현은 박스에 체크하여 복습하세요. 🔊 핵심어휘집_03일

❀ 일상생활 ①

01	□	休息	xiūxi	동 쉬다
02	□	睡觉	shuìjiào	동 잠을 자다
03	□	起床	qǐchuáng	동 일어나다, 기상하다
04	□	醒	xǐng	동 깨다, 깨어나다
05	□	推	tuī	동 밀다, 미루다
06	□	拿	ná	동 가지다, 잡다
07	□	塑料袋	sùliàodài	명 비닐봉지
08	□	钥匙	yàoshi	명 열쇠
09	□	冰箱	bīngxiāng	명 냉장고
10	□	空调	kōngtiáo	명 에어컨
11	□	帽子	màozi	명 모자
12	□	镜子	jìngzi	명 거울
13	□	小吃	xiǎochī	명 간식, 먹거리
14	□	尝	cháng	동 맛보다
15	□	词语	cíyǔ	명 어휘, 단어
16	□	日记	rìjì	명 일기
17	□	少上网	shǎo shàngwǎng	인터넷을 적게 하다
18	□	躺着看书	tǎngzhe kàn shū	누워서 책을 보다
19	□	多穿衣服	duō chuān yīfu	옷을 많이 입다
20	□	按时吃药	ànshí chī yào	제때에 약을 먹다

21	□ 少喝咖啡	shǎo hē kāfēi	커피를 적게 마시다
22	□ 睡前运动	shuì qián yùndòng	잠을 자기 전에 운동하다
23	□ 听中文广播	tīng Zhōngwén guǎngbō	중국어 라디오를 듣다
24	□ 以前	yǐqián	명 예전, 이전
25	□ 普遍	pǔbiàn	형 보편적이다
26	□ 国籍	guójí	명 국적
27	□ 年龄	niánlíng	명 나이, 연령
28	□ 秋天	qiūtiān	명 가을
29	□ 阳光	yángguāng	명 햇빛
30	□ 总是	zǒngshì	부 항상, 늘
31	□ 态度	tàidu	명 태도
32	□ 生活	shēnghuó	동 생활하다 명 생활, 삶
33	□ 抽烟	chōuyān	동 담배를 피우다
34	□ 打车	dǎchē	동 택시를 타다
35	□ 包	bāo	명 가방
36	□ 杂志	zázhì	명 잡지
37	□ 西装	xīzhuāng	명 정장
38	□ 问路	wèn lù	길을 묻다
39	□ 搬新家	bān xīn jiā	새집으로 이사하다
40	□ 租房子	zū fángzi	방을 세놓다

04일 듣기 핵심어휘 ④

☑ 잘 외워지지 않는 표현은 박스에 체크하여 복습하세요. 🔊 핵심어휘집_04일

❀ 일상생활 ②

01	□	等雨停	děng yǔ tíng	비가 그치길 기다리다
02	□	找人帮忙	zhǎo rén bāngmáng	도와줄 사람을 찾는다
03	□	地铁路线	dìtiě lùxiàn	지하철 노선
04	□	保护环境	bǎohù huánjìng	환경을 보호하다
05	□	响	xiǎng	동 울리다, (소리가) 나다
06	□	手机	shǒujī	명 휴대폰
07	□	打扮	dǎban	동 꾸미다, 치장하다
08	□	约会	yuēhuì	동 데이트하다 명 약속, 데이트
09	□	聚会	jùhuì	명 모임 동 모이다
10	□	礼物	lǐwù	명 선물
11	□	愉快	yúkuài	형 기분이 좋다, 유쾌하다
12	□	商量	shāngliang	동 상의하다, 의논하다
13	□	发短信	fā duǎnxìn	문자 메시지를 보내다
14	□	打电话	dǎ diànhuà	전화하다
15	□	电话占线	diànhuà zhànxiàn	통화중이다
16	□	见面地点	jiànmiàn dìdiǎn	만나는 장소
17	□	颜色深的	yánsè shēn de	색깔이 진한 것
18	□	以…为骄傲	yǐ…wéi jiāo'ào	~을 자랑스러워하다
19	□	朋友的样子	péngyou de yàngzi	친구의 모습
20	□	邮局	yóujú	명 우체국

21	□ 寄	jì	동 (우편으로) 보내다, 부치다
22	□ 地址	dìzhǐ	명 주소
23	□ 信封	xìnfēng	명 편지 봉투
24	□ 收费标准	shōufèi biāozhǔn	요금 기준
25	□ 理发店	lǐfàdiàn	미용실, 이발소
26	□ 流行	liúxíng	형 유행하다
27	□ 短发	duǎn fà	단발머리, 짧은 머리
28	□ 弄干	nònggān	말리다
29	□ 洗头发	xǐ tóufa	머리를 감다
30	□ 理短点儿	lǐ duǎn diǎnr	짧게 다듬다
31	□ 银行	yínháng	명 은행
32	□ 密码	mìmǎ	명 비밀번호
33	□ 账号	zhànghào	명 계좌 번호
34	□ 存款	cúnkuǎn	동 저금하다
35	□ 忘记	wàngjì	동 잊어버리다
36	□ 信用卡	xìnyòngkǎ	명 신용 카드
37	□ 取钱	qǔ qián	돈을 찾다, 출금하다
38	□ 付款方式	fùkuǎn fāngshì	결제 방식
39	□ 电梯	diàntī	명 엘리베이터
40	□ 大使馆	dàshǐguǎn	명 대사관

05일 듣기 핵심어휘 ⑤

바로 듣기

☑ 잘 외워지지 않는 표현은 박스에 체크하여 복습하세요. 🔊 핵심어휘집_05일

❀ 음식·식당

01	☐	饺子	jiǎozi	명 만두
02	☐	鸡蛋	jīdàn	명 달걀
03	☐	烤鸭	kǎoyā	명 오리 구이
04	☐	香蕉	xiāngjiāo	명 바나나
05	☐	西瓜	xīguā	명 수박
06	☐	鸡蛋汤	jīdàn tāng	달걀국
07	☐	辣的菜	là de cài	매운 음식
08	☐	羊肉包子	yángròu bāozi	양고기 만두
09	☐	巧克力蛋糕	qiǎokèlì dàngāo	초콜릿 케이크
10	☐	饮料	yǐnliào	명 음료
11	☐	啤酒	píjiǔ	명 맥주
12	☐	咖啡	kāfēi	명 커피
13	☐	矿泉水	kuàngquánshuǐ	명 생수, 미네랄 워터
14	☐	果汁	guǒzhī	명 과일주스
15	☐	西红柿汁	xīhóngshì zhī	토마토 주스
16	☐	葡萄酒	pútaojiǔ	명 와인, 포도주
17	☐	牛奶	niúnǎi	명 우유
18	☐	奶茶	nǎichá	명 밀크티
19	☐	红茶	hóngchá	명 홍차
20	☐	糖	táng	명 설탕, 사탕

21	□	盐	yán	명 소금
22	□	味道	wèidao	명 맛
23	□	酸	suān	형 시다
24	□	苦	kǔ	형 쓰다
25	□	咸	xián	형 짜다
26	□	甜	tián	형 달다
27	□	辣	là	형 맵다
28	□	渴	kě	형 목이 마르다
29	□	饿	è	형 배고프다
30	□	食堂	shítáng	명 식당, 구내 식당
31	□	餐厅	cāntīng	명 레스토랑, 식당
32	□	饭馆	fànguǎn	명 식당
33	□	服务员	fúwùyuán	명 종업원
34	□	菜单	càidān	명 메뉴
35	□	点菜	diǎn cài	음식을 주문하다
36	□	碗	wǎn	명 그릇 양 그릇, 공기
37	□	瓶	píng	양 병
38	□	杯子	bēizi	명 컵
39	□	筷子	kuàizi	명 젓가락
40	□	勺子	sháozi	명 숟가락

06일 듣기 핵심어휘 ⑥

☑ 잘 외워지지 않는 표현은 박스에 체크하여 복습하세요. 🔊 핵심어휘집_06일

❀ 학교·학업 ①

01	□	学校	xuéxiào	명 학교
02	□	学生	xuésheng	명 학생
03	□	老师	lǎoshī	명 선생님
04	□	教师	jiàoshī	명 교사
05	□	校长	xiàozhǎng	명 교장
06	□	班长	bānzhǎng	명 반장
07	□	教室	jiàoshì	명 교실
08	□	同学	tóngxué	명 동창
09	□	师生	shīshēng	명 선생님과 학생
10	□	请假	qǐngjià	동 (조퇴, 결석 등을) 신청하다
11	□	成绩	chéngjì	명 성적
12	□	开学	kāixué	동 개학하다
13	□	放假	fàngjià	동 방학하다
14	□	毕业	bìyè	동 졸업하다
15	□	通过	tōngguò	동 통과하다
16	□	预习	yùxí	동 예습하다
17	□	复习	fùxí	동 복습하다
18	□	上课	shàngkè	동 수업하다
19	□	下课	xiàkè	동 수업이 끝나다
20	□	住校	zhù xiào	기숙하다, 학교에 살다

21	□ 中小学	zhōng xiǎoxué	초·중학교
22	□ 国际法	guójìfǎ	명 국제법
23	□ 艺术	yìshù	명 예술
24	□ 历史	lìshǐ	명 역사
25	□ 博士	bóshì	명 박사(학위)
26	□ 专业书	zhuānyè shū	전공책
27	□ 汉语专业	Hànyǔ zhuānyè	중국어 전공
28	□ 法律基础	fǎlǜ jīchǔ	법률 기초
29	□ 旅游管理	lǚyóu guǎnlǐ	관광경영학과
30	□ 自然科学	zìrán kēxué	자연 과학
31	□ 介绍知识	jièshào zhīshi	지식을 소개하다
32	□ 尊重选择	zūnzhòng xuǎnzé	선택을 존중하다
33	□ 读研究生	dú yánjiūshēng	대학원을 다니다
34	□ 考上研究生	kǎoshang yánjiūshēng	대학원에 합격하다
35	□ 奖学金	jiǎngxuéjīn	명 장학금
36	□ 申请奖学金	shēnqǐng jiǎngxuéjīn	장학금을 신청하다
37	□ 流利	liúlì	형 유창하다
38	□ 学外语	xué wàiyǔ	외국어를 배우다
39	□ 去留学	qù liúxué	유학을 가다
40	□ 下功夫	xià gōngfu	노력을 기울이다

07일 듣기 핵심어휘 ⑦

바로 듣기

☑ 잘 외워지지 않는 표현은 박스에 체크하여 복습하세요. 핵심어휘집_07일

❀ 학교·학업 ②

01	□	发现缺点	fāxiàn quēdiǎn	단점을 발견하다
02	□	加倍努力	jiābèi nǔlì	배로 노력하다
03	□	填报名表	tián bàomíng biǎo	신청서를 작성하다
04	□	参加考试	cānjiā kǎoshì	시험을 보다
05	□	通过考试	tōngguò kǎoshì	시험을 통과하다
06	□	寒暑假	hán shǔ jià	겨울 방학과 여름 방학
07	□	暑假安排	shǔjià ānpái	여름 방학 계획
08	□	网上教学	wǎngshàng jiàoxué	온라인 수업
09	□	教育方法	jiàoyù fāngfǎ	교육 방법
10	□	从小的理想	cóngxiǎo de lǐxiǎng	어릴적부터의 꿈
11	□	认真做好一件事	rènzhēn zuòhǎo yí jiàn shì	한 가지 일을 성실하게 하다
12	□	书店	shūdiàn	명 서점
13	□	图书馆	túshūguǎn	명 도서관
14	□	借书	jiè shū	책을 빌리다
15	□	还书	huán shū	책을 반납하다
16	□	到期	dào qī	만기가 되다, 기한이 되다
17	□	借词典	jiè cídiǎn	사전을 빌리다
18	□	问别人	wèn biérén	다른 사람한테 물어보다
19	□	复印店	fùyìn diàn	복사 가게
20	□	大学西门	dàxué xīmén	대학교 서문

교육·진로

21	□ 教育孩子	jiàoyù háizi	아이를 교육하다
22	□ 表扬孩子	biǎoyáng háizi	아이를 칭찬하다
23	□ 批评孩子	pīpíng háizi	아이를 혼내다
24	□ 支持孩子	zhīchí háizi	아이를 지지하다
25	□ 基础教育	jīchǔ jiàoyù	기초 교육
26	□ 科技教育	kējì jiàoyù	과학 기술 교육
27	□ 经济条件	jīngjì tiáojiàn	경제 조건
28	□ 选择教育方法	xuǎnzé jiàoyù fāngfǎ	교육 방법을 선택하다
29	□ 读硕士	dú shuòshì	석사 과정을 밟다
30	□ 当老师	dāng lǎoshī	선생님이 되다
31	□ 选择职业	xuǎnzé zhíyè	직업을 선택하다
32	□ 职业特点	zhíyè tèdiǎn	직업 특징
33	□ 适合自己	shìhé zìjǐ	자신에게 적합하다
34	□ 适应社会	shìyìng shèhuì	사회에 적응하다
35	□ 特点和能力	tèdiǎn hé nénglì	특징과 능력
36	□ 将来的计划	jiānglái de jìhuà	미래 계획
37	□ 考虑性格特点	kǎolǜ xìnggé tèdiǎn	성격 특징을 고려하다
38	□ 考虑收入高低	kǎolǜ shōurù gāodī	수입의 높고 낮음을 고려하다
39	□ 符合实际情况	fúhé shíjì qíngkuàng	실제 상황에 부합하다
40	□ 职业影响生活	zhíyè yǐngxiǎng shēnghuó	직업이 삶에 영향을 끼치다

08일 듣기 핵심어휘 ⑧

☑ 잘 외워지지 않는 표현은 박스에 체크하여 복습하세요. 🔈 핵심어휘집_08일

❀ 회사·업무

01	□	同事	tóngshì	명 동료
02	□	经理	jīnglǐ	명 매니저
03	□	总经理	zǒngjīnglǐ	명 사장, 최고 경영자
04	□	安排	ānpái	동 배정하다, 준비하다
05	□	建议	jiànyì	동 제안하다
06	□	完成	wánchéng	동 끝내다, 완성하다
07	□	重要	zhòngyào	형 중요하다
08	□	办公室	bàngōngshì	명 사무실
09	□	出差	chūchāi	동 출장 가다
10	□	工作	gōngzuò	동 일하다
11	□	上班	shàngbān	동 출근하다
12	□	下班	xiàbān	동 퇴근하다
13	□	加班	jiābān	동 야근하다, 추가 근무를 하다
14	□	开会	kāihuì	동 회의를 하다
15	□	任务	rènwu	명 임무
16	□	收入	shōurù	명 수입
17	□	招聘	zhāopìn	동 채용하다
18	□	应聘	yìngpìn	동 지원하다
19	□	面试	miànshì	동 면접을 보다
20	□	要求高	yāoqiú gāo	요구가 높다

21	□	参加招聘会	cānjiā zhāopìn huì	취업 박람회에 참가하다
22	□	发传真	fā chuánzhēn	팩스를 보내다
23	□	发电子邮件	fā diànzǐ yóujiàn	이메일을 보내다
24	□	会议资料/材料	huìyì zīliào/cáiliào	회의 자료
25	□	整理材料	zhěnglǐ cáiliào	자료를 정리하다
26	□	打印材料	dǎyìn cáiliào	자료를 프린트하다
27	□	填表格	tián biǎogé	표를 작성하다
28	□	调查情况	diàochá qíngkuàng	상황을 조사하다
29	□	打印机	dǎyìnjī	명 프린터
30	□	修理传真机	xiūlǐ chuánzhēnjī	팩스를 수리하다
31	□	参加会议	cānjiā huìyì	회의에 참석하다
32	□	记会议内容	jì huìyì nèiróng	회의 내용을 기록하다
33	□	提建议	tí jiànyì	제안하다
34	□	工作安排	gōngzuò ānpái	업무 계획
35	□	答谢活动	dáxiè huódòng	고객 감사 행사
36	□	压力大	yālì dà	스트레스가 많다
37	□	有发展机会	yǒu fāzhǎn jīhuì	발전 기회가 있다
38	□	工作很负责	gōngzuò hěn fùzé	일에 책임감이 강하다
39	□	工资比较低	gōngzī bǐjiào dī	월급이 비교적 낮다
40	□	学会管理时间	xuéhuì guǎnlǐ shíjiān	시간 관리하는 것을 배우다

09일 듣기 핵심어휘 ⑨

☑ 잘 외워지지 않는 표현은 박스에 체크하여 복습하세요. 핵심어휘집_09일

❀ 쇼핑

01	☐	购物	gòuwù	동 물건을 사다, 쇼핑하다
02	☐	逛街	guàng jiē	쇼핑하다, 거리를 구경하다
03	☐	商场	shāngchǎng	명 쇼핑 센터
04	☐	超市	chāoshì	명 슈퍼마켓
05	☐	商品	shāngpǐn	명 상품
06	☐	价格	jiàgé	명 가격
07	☐	质量	zhìliàng	명 품질
08	☐	售货员	shòuhuòyuán	명 판매원
09	☐	牙膏	yágāo	명 치약
10	☐	衬衫	chènshān	명 셔츠
11	☐	件	jiàn	양 벌, 건, 개
12	☐	眼镜	yǎnjìng	명 안경
13	☐	袜子	wàzi	명 양말
14	☐	裙子	qúnzi	명 치마
15	☐	条	tiáo	양 [가늘고 긴 것을 세는 단위]
16	☐	颜色	yánsè	명 색깔, 색
17	☐	试	shì	동 시험 삼아 해 보다
18	☐	试穿	shì chuān	입어 보다
19	☐	脱	tuō	동 벗다
20	☐	合适	héshì	형 알맞다, 적합하다

21	□	付款	fùkuǎn	동 돈을 지불하다
22	□	花	huā	동 쓰다, 소비하다
23	□	排队	páiduì	동 줄을 서다
24	□	退货	tuìhuò	동 반품하다
25	□	打折	dǎzhé	동 할인하다, 세일하다
26	□	打八折	dǎ bā zhé	20% 할인
27	□	一共	yígòng	부 모두, 총
28	□	元	yuán	양 위안[중국의 화폐 단위]
29	□	块	kuài	양 위안[중국의 화폐 단위]
30	□	斤	jīn	양 근(500g)
31	□	逛商店	guàng shāngdiàn	가게를 둘러보다
32	□	稍后再买	shāohòu zài mǎi	조금 후에 다시 사다
33	□	排队结账	páiduì jiézhàng	줄을 서서 계산하다
34	□	只收现金	zhǐ shōu xiànjīn	현금만 받다
35	□	购物节	gòuwù jié	쇼핑 데이
36	□	吸引顾客	xīyǐn gùkè	손님을 끌어들이다
37	□	举办活动	jǔbàn huódòng	행사를 열다
38	□	周末卖得多	zhōumò mài de duō	주말에 많이 팔리다
39	□	安排活动地点	ānpái huódòng dìdiǎn	행사 장소를 배정하다
40	□	双十一	shuāng shíyī	쌍11, 광군제[11월 11일, 중국 온라인 쇼핑몰 할인 행사의 날]

10일 듣기 핵심어휘 ⑩

☑ 잘 외워지지 않는 표현은 박스에 체크하여 복습하세요. 🔈 핵심어휘집_10일

❀ 여행

01	☐	旅行/旅游	lǚxíng/lǚyóu	동 여행하다
02	☐	景点	jǐngdiǎn	명 여행지
03	☐	国外	guówài	명 외국
04	☐	上海	Shànghǎi	고유 상하이, 상해
05	☐	长城	Chángchéng	고유 만리장성
06	☐	故宫	Gùgōng	고유 고궁, 자금성
07	☐	海边	hǎibiān	명 해변
08	☐	导游	dǎoyóu	명 가이드
09	☐	机场	jīchǎng	명 공항
10	☐	广播	guǎngbō	명 방송 프로그램
11	☐	飞机	fēijī	명 비행기
12	☐	航班	hángbān	명 항공편
13	☐	护照	hùzhào	명 여권
14	☐	签证	qiānzhèng	명 비자
15	☐	登机牌	dēngjīpái	명 탑승권
16	☐	行李箱	xínglǐxiāng	명 여행용 가방, 캐리어
17	☐	出发	chūfā	동 출발하다
18	☐	起飞	qǐfēi	동 이륙하다
19	☐	降落	jiàngluò	동 착륙하다
20	☐	赶不上	gǎn bu shang	놓치다, 늦다

21	□ 飞往	fēi wǎng	(비행기를 타고) ~로 가다
22	□ 登机口	dēngjī kǒu	탑승구
23	□ 系安全带	jì ānquándài	안전벨트를 매다
24	□ 办签证	bàn qiānzhèng	비자를 발급받다
25	□ 出国旅行	chūguó lǚxíng	해외 여행을 하다
26	□ 安排旅程	ānpái lǚchéng	여행 일정을 계획하다
27	□ 整理行李	zhěnglǐ xíngli	짐을 정리하다
28	□ 拿登机牌	ná dēngjīpái	탑승권을 받다
29	□ 差点儿没赶上飞机	chàdiǎnr méi gǎnshang fēijī	비행기를 놓칠 뻔 하다
30	□ 禁止吸烟	jìnzhǐ xīyān	담배피는 것이 금지되어 있다
31	□ 火车票	huǒchē piào	기차표
32	□ 乘客的信息	chéngkè de xìnxī	승객 정보
33	□ 提供小吃	tígōng xiǎochī	간식을 제공하다
34	□ 很难买到票	hěn nán mǎidào piào	표를 구하기 어렵다
35	□ 陪父母旅行	péi fùmǔ lǚxíng	부모님을 모시고 여행을 가다
36	□ 换乘高铁	huànchéng gāotiě	고속 열차로 환승하다
37	□ 长江大桥	Chángjiāng dàqiáo	창장대교
38	□ 爬长城	pá Chángchéng	만리장성에 오르다
39	□ 毕业旅行	bìyè lǚxíng	졸업 여행
40	□ 到处参观	dàochù cānguān	곳곳을 관광하다

11일 듣기 핵심어휘 ⑪

☑ 잘 외워지지 않는 표현은 박스에 체크하여 복습하세요. 핵심어휘집_11일

❀ 교통

01	□	出租车	chūzūchē	명 택시
02	□	公共汽车	gōnggòng qìchē	버스
03	□	高铁	gāotiě	명 고속 철도
04	□	车票	chēpiào	명 차표
05	□	乘坐	chéngzuò	동 (자동차·비행기 등을) 타다
06	□	座位	zuòwèi	명 좌석, 자리
07	□	空座位	kōng zuòwèi	빈 자리
08	□	站	zhàn	명 역
09	□	汽车站	qìchē zhàn	정류장, 터미널
10	□	火车站	huǒchē zhàn	기차역
11	□	地铁站	dìtiě zhàn	지하철역
12	□	公交车站	gōngjiāochē zhàn	버스 정류장
13	□	加油站	jiāyóuzhàn	명 주유소
14	□	到站	dào zhàn	정거장에 도착하다
15	□	桥	qiáo	명 다리, 교량
16	□	方便	fāngbiàn	형 편리하다 동 편리하게 하다
17	□	速度	sùdù	명 속도
18	□	广播通知	guǎngbō tōngzhī	안내방송
19	□	不准时	bù zhǔnshí	시간을 지키지 않는다
20	□	先下后上	xiān xià hòu shàng	(승객들이) 먼저 내린 후에 타다

❀ 건강·운동

21	□	散步	sànbù	동 산책하다
22	□	跑步	pǎobù	동 달리기를 하다
23	□	爬山	páshān	동 등산하다
24	□	骑车	qí chē	자전거를 타다
25	□	打球	dǎ qiú	구기 운동을 하다
26	□	打网球	dǎ wǎngqiú	테니스를 치다
27	□	打乒乓球	dǎ pīngpāngqiú	탁구를 치다
28	□	打羽毛球	dǎ yǔmáoqiú	배드민턴을 치다
29	□	比赛	bǐsài	명 경기, 시합
30	□	运动会	yùndònghuì	명 운동회
31	□	体育比赛	tǐyù bǐsài	스포츠 경기
32	□	参加比赛	cānjiā bǐsài	경기에 참가하다
33	□	球场	qiúchǎng	명 구장
34	□	省体育馆	shěng tǐyùguǎn	성(省) 체육관, 도립 체육관
35	□	坚持锻炼	jiānchí duànliàn	꾸준히 단련하다
36	□	减肥	jiǎnféi	동 다이어트하다
37	□	出汗	chū hàn	땀이 나다
38	□	做动作	zuò dòngzuò	동작을 취하다
39	□	中国功夫	Zhōngguó gōngfu	중국 쿵후
40	□	动作标准	dòngzuò biāozhǔn	동작이 정확하다

12일 듣기 핵심어휘 ⑫

바로 듣기

☑ 잘 외워지지 않는 표현은 박스에 체크하여 복습하세요. 🔊 핵심어휘집_12일

❀ 사람의 신체 및 특징

01	□	眼睛	yǎnjing	명 눈
02	□	鼻子	bízi	명 코
03	□	嘴	zuǐ	명 입
04	□	耳朵	ěrduo	명 귀
05	□	肚子	dùzi	명 배
06	□	胳膊	gēbo	명 팔
07	□	腿	tuǐ	명 다리
08	□	皮肤	pífū	명 피부
09	□	声音	shēngyīn	명 목소리
10	□	个子	gèzi	명 키
11	□	性格	xìnggé	명 성격
12	□	力气	lìqi	명 힘
13	□	勇敢	yǒnggǎn	형 용감하다
14	□	冷静	lěngjìng	형 냉정하다, 침착하다
15	□	害羞	hàixiū	형 부끄러워하다, 수줍어하다
16	□	诚实	chéngshí	형 성실하다
17	□	粗心	cūxīn	형 부주의하다
18	□	幽默	yōumò	형 유머러스하다
19	□	可爱	kě'ài	형 귀엽다
20	□	聪明	cōngmíng	형 똑똑하다

❀ 병원

21	□	医院	yīyuàn	명 병원
22	□	医生/大夫	yīshēng/dàifu	명 의사
23	□	护士	hùshi	명 간호사
24	□	病人	bìngrén	명 환자
25	□	看病	kànbìng	동 진료하다, 진료를 받다
26	□	检查	jiǎnchá	동 검사하다, 점검하다
27	□	住院	zhùyuàn	동 입원하다
28	□	出院	chūyuàn	동 퇴원하다
29	□	药店	yàodiàn	명 약국
30	□	不舒服	bù shūfu	(몸이) 아프다
31	□	难受	nánshòu	형 (몸이) 불편하다, 괴롭다
32	□	感冒	gǎnmào	명 감기 동 감기에 걸리다
33	□	咳嗽	késou	동 기침을 하다
34	□	发烧	fāshāo	동 열이 나다
35	□	高烧	gāoshāo	명 고열
36	□	严重	yánzhòng	형 심하다, 심각하다
37	□	害怕	hàipà	동 두려워하다, 무서워하다
38	□	打针	dǎzhēn	동 주사를 맞다, 주사를 놓다
39	□	手术	shǒushù	명 수술
40	□	开药	kāi yào	약을 처방하다

13일 듣기 핵심어휘 ⑬

☑ 잘 외워지지 않는 표현은 박스에 체크하여 복습하세요. 🔊 핵심어휘집_13일

❀ 방송·소개 멘트

01	□	观众	guānzhòng	명 관중
02	□	欢迎	huānyíng	동 환영하다
03	□	乘客	chéngkè	명 승객
04	□	交通安全	jiāotōng ānquán	교통 안전
05	□	降低速度	jiàngdī sùdù	속도를 낮추다
06	□	修理公路	xiūlǐ gōnglù	도로를 수리하다
07	□	交通情况	jiāotōng qíngkuàng	교통 상황
08	□	选别的路	xuǎn bié de lù	다른 길을 선택하다
09	□	新闻	xīnwén	명 뉴스
10	□	晴天	qíng tiān	맑은 날
11	□	最高温度	zuìgāo wēndù	최고 기온
12	□	天气原因	tiānqì yuányīn	날씨 요인
13	□	天气情况	tiānqì qíngkuàng	날씨 상황
14	□	受天气影响	shòu tiānqì yǐngxiǎng	날씨 영향을 받다
15	□	随着冷空气南下	suízhe lěng kōngqì nán xià	찬 공기가 남쪽으로 내려옴에 따라
16	□	超市广播	chāoshì guǎngbō	마트 안내 방송
17	□	打折卡	dǎzhé kǎ	할인 카드
18	□	提供服务	tígōng fúwù	서비스를 제공하다
19	□	举行一场活动	jǔxíng yì chǎng huódòng	행사를 열다
20	□	顾客对我店的支持	gùkè duì wǒ diàn de zhīchí	우리 가게에 대한 고객님들의 지지

❀ 삶의 태도

21	□	应该	yīnggāi	조동 마땅히 ~해야 한다
22	□	严格	yángé	형 엄격하다, 엄하다
23	□	成功者	chénggōngzhě	성공한 사람
24	□	总结问题	zǒngjié wèntí	문제를 총결산하다
25	□	珍惜时间	zhēnxī shíjiān	시간을 소중히하다
26	□	浪费时间	làngfèi shíjiān	시간을 낭비하다
27	□	成功与困难	chénggōng yǔ kùnnan	성공과 고난
28	□	积极解决	jījí jiějué	적극적으로 해결하다
29	□	积累经验	jīlěi jīngyàn	경험을 쌓다
30	□	解决方法	jiějué fāngfǎ	해결 방법
31	□	对人友好	duì rén yǒuhǎo	사람에게 우호적이다
32	□	认真生活	rènzhēn shēnghuó	성실하게 살다
33	□	无法保证	wúfǎ bǎozhèng	보장할 수 없다
34	□	走自己的路	zǒu zìjǐ de lù	자신의 길을 가다
35	□	带给人快乐	dài gěi rén kuàilè	사람에게 즐거움을 가져다 주다
36	□	对生活有希望	duì shēnghuó yǒu xīwàng	삶에 희망을 가지다
37	□	不要和别人比较	búyào hé biérén bǐjiào	다른 사람과 비교하지 마라
38	□	积极向上的态度	jījí xiàngshàng de tàidu	긍정적이고 진취적인 태도
39	□	时间比金钱重要	shíjiān bǐ jīnqián zhòngyào	시간은 돈보다 중요하다
40	□	遇事总想放弃	yù shì zǒng xiǎng fàngqì	일을 마주할 때마다 늘 포기하고 싶어한다

14일 듣기 핵심어휘 ⑭

☑ 잘 외워지지 않는 표현은 박스에 체크하여 복습하세요. 🔊 핵심어휘집_14일

❀ 과학·최신 이슈·중국 문화

01	□	刷脸	shuā liǎn	안면인식
02	□	扫码	sǎo mǎ	바코드를 스캔하다, QR코드를 스캔하다
03	□	无人机	wú rén jī	무인기
04	□	研究热点	yánjiū rèdiǎn	연구 이슈
05	□	方便生活	fāngbiàn shēnghuó	생활을 편리하게 하다
06	□	安全问题	ānquán wèntí	안전 문제
07	□	在网上查	zài wǎngshàng chá	인터넷에서 찾아보다
08	□	节约时间	jiéyuē shíjiān	시간을 절약하다
09	□	节约不少时间	jiéyuē bù shǎo shíjiān	많은 시간을 절약하다
10	□	发展得很快	fāzhǎn de hěn kuài	빠르게 발전하다
11	□	理解生活方式	lǐjiě shēnghuó fāngshì	생활 방식을 이해하다
12	□	推动经济发展	tuīdòng jīngjì fāzhǎn	경제 발전을 추진하다
13	□	随着科学技术的发展	suízhe kēxué jìshù de fāzhǎn	과학기술의 발전에 따라
14	□	软件	ruǎnjiàn	명 애플리케이션
15	□	网站	wǎngzhàn	명 웹 사이트
16	□	作用	zuòyòng	명 작용, 효과
17	□	推出	tuīchū	동 출시하다, 내놓다
18	□	新职业	xīn zhíyè	새로운 직업
19	□	小确幸	xiǎo què xìng	소확행
20	□	电子书	diànzǐ shū	전자책

21	□	纸质书	zhǐ zhì shū	종이책
22	□	网络用语	wǎngluò yòngyǔ	인터넷 용어
23	□	网上聊天	wǎngshàng liáotiān	인터넷 채팅
24	□	电子游戏	diànzǐ yóuxì	컴퓨터 게임
25	□	快餐	kuàicān	패스트푸드
26	□	手机点餐	shǒujī diǎn cān	휴대폰 음식 주문
27	□	手机付款	shǒujī fùkuǎn	휴대폰 결제
28	□	付款安全	fùkuǎn ānquán	결제 안전
29	□	无人超市	wú rén chāoshì	무인 슈퍼
30	□	在家工作	zàijiā gōngzuò	재택 근무
31	□	无现金生活	wú xiànjīn shēnghuó	현금 없는 생활
32	□	环境变化	huánjìng biànhuà	환경 변화
33	□	环保节日	huánbǎo jiérì	환경 보호의 날
34	□	世界地球日	shìjiè dìqiú rì	세계 지구의 날
35	□	保护动植物	bǎohù dòng zhíwù	동식물을 보호하다
36	□	汉字	Hànzì	고유 한자
37	□	教功夫	jiāo gōngfu	쿵후를 가르치다
38	□	回老家	huí lǎojiā	고향에 돌아가다
39	□	北京烤鸭	Běijīng kǎoyā	베이징 오리 구이
40	□	文化不适应	wénhuà bú shìyìng	문화 부적응

15일 듣기 핵심어휘 ⑮

☑ 잘 외워지지 않는 표현은 박스에 체크하여 복습하세요. 🔊 핵심어휘집_15일

❀ 바꾸어 표현 ①

01	□	晚到 wǎn dào 늦게 도착하다	→	迟到 chídào 지각하다
02	□	放松 fàngsōng 긴장을 풀다, 느슨하게 하다	→	轻松 qīngsōng 홀가분하다, 긴장을 풀다
03	□	很轻 hěn qīng 가볍다	→	不重 bú zhòng 무겁지 않다
04	□	开心 kāixīn 즐겁다	→	心情很好 xīnqíng hěn hǎo 기분이 좋다
05	□	凉快 liángkuai 서늘하다, 시원하다	→	温度降低了 wēndù jiàngdī le 온도가 낮아졌다
06	□	忘记了 wàngjì le 잊어버렸다	→	没记住 méi jìzhù 기억하지 못했다
07	□	价格贵 jiàgé guì 값이 비싸다	→	价格高 jiàgé gāo 가격이 높다
08	□	太脏了 tài zāng le 몹시 더럽다	→	脏极了 zāng jí le 엄청 더럽다
09	□	谢谢你 xièxie nǐ (당신에게) 감사하다	→	表示感谢 biǎoshì gǎnxiè 감사를 표시하다
10	□	挺简单的 tǐng jiǎndān de 꽤 쉽다	→	不难 bù nán 어렵지 않다

11	□	**糖放多了** táng fàng duō le 설탕을 많이 넣었다	→	**有点甜** yǒudiǎn tián 조금 달다
12	□	**盐放得多** yán fàng de duō 소금을 많이 넣었다	→	**有点儿咸** yǒudiǎnr xián 조금 짜다
13	□	**味道还行** wèidao hái xíng 맛이 그런대로 괜찮다	→	**味道不错** wèidao búcuò 맛이 좋다
14	□	**一切正常** yíqiè zhèngcháng 모두 정상적이다	→	**没问题** méi wèntí 문제없다
15	□	**很难解决** hěn nán jiějué 해결하기 어렵다	→	**不易解决** bú yì jiějué 해결하기 쉽지 않다
16	□	**空气新鲜** kōngqì xīnxiān 공기가 신선하다	→	**空气质量好** kōngqì zhìliàng hǎo 공기 질이 좋다
17	□	**快迟到了** kuài chídào le 지각할 것 같다	→	**来不及** láibují (시간에) 늦다
18	□	**瘦了不少** shòu le bù shǎo 많이 날씬해졌다	→	**变瘦了** biàn shòu le 날씬해졌다
19	□	**爱发脾气** ài fā píqi 성질을 잘 내다	→	**性格不好** xìnggé bù hǎo 성격이 안 좋다
20	□	**没有钱了** méiyǒu qián le 돈이 없다	→	**没有现金了** méiyǒu xiànjīn le 현금이 없다

16일 듣기 핵심어휘 ⑯

☑ 잘 외워지지 않는 표현은 박스에 체크하여 복습하세요. 🔊 핵심어휘집_16일

❀ 바꾸어 표현 ②

01	□	十分环保 shífēn huánbǎo 매우 친환경적이다	→	重视环境保护 zhòngshì huánjìng bǎohù 환경보호를 중시하다
02	□	没有赢比赛 méiyǒu yíng bǐsài 경기에서 이기지 못했다	→	输了 shū le 졌다
03	□	拿了第一名 nále dìyī míng 1등을 했다	→	得了第一名 déle dìyī míng 1등을 얻었다
04	□	考得特别差 kǎo de tèbié chà 시험을 특히 못 봤다	→	考得不好 kǎo de bù hǎo 시험을 잘 못 봤다
05	□	衣服适合她 yīfu shìhé tā 옷이 그녀에게 알맞다	→	衣服很合适 yīfu hěn héshì 옷이 어울리다
06	□	说得很标准 shuō de hěn biāozhǔn 표준적으로 말하다	→	说得很好 shuō de hěn hǎo 잘 말하다
07	□	说明为什么 shuōmíng wèishénme 왜인지 설명하다	→	说明原因 shuōmíng yuányīn 원인을 설명하다
08	□	有很多经历 yǒu hěn duō jīnglì 많은 경험이 있다	→	经历丰富 jīnglì fēngfù 경험이 풍부하다
09	□	他误会我了 tā wùhuì wǒ le 그가 나를 오해했다	→	我被误会了 wǒ bèi wùhuì le 나는 오해받았다
10	□	参加体育活动 cānjiā tǐyù huódòng 체육 활동에 참여하다	→	锻炼 duànliàn 운동하다

11	□	常常抽时间运动 chángcháng chōu shíjiān yùndòng 자주 시간을 내서 운동하다	→	经常锻炼 jīngcháng duànliàn 자주 단련하다
12	□	去年才开始学 qùnián cái kāishǐ xué 작년에서야 배우기 시작했다	→	没学多久 méi xué duōjiǔ 배운지 얼마 안 됐다
13	□	只有一个行李 zhǐyǒu yí ge xíngli 짐이 하나만 있다	→	行李不多 xíngli bù duō 짐이 많지 않다
14	□	很久没见太阳 hěn jiǔ méi jiàn tàiyáng 오랫동안 태양을 보지 못했다	→	缺少阳光 quēshǎo yángguāng 햇빛이 부족하다
15	□	旁边有个商场 pángbiān yǒu ge shāngchǎng 옆에 백화점이 하나 있다	→	离商场近 lí shāngchǎng jìn 백화점에서 가깝다
16	□	做短发不好看 zuò duǎn fà bù hǎokàn 단발머리를 하는 것이 예쁘지 않다	→	不适合短发 bú shìhé duǎn fà 단발머리가 어울리지 않는다
17	□	肚子有点儿疼 dùzi yǒudiǎnr téng 배가 조금 아프다	→	肚子不舒服 dùzi bù shūfu 배가 불편하다
18	□	从来没这么忙过 cónglái méi zhème mángguo 여태껏 이렇게 바빠 본 적이 없다	→	忙极了 máng jí le 굉장히 바쁘다
19	□	通过公司的面试 tōngguò gōngsī de miànshì 회사의 면접을 통과하다	→	应聘成功 yìngpìn chénggōng 지원에 성공하다
20	□	在咱们公司周围 zài zánmen gōngsī zhōuwéi 우리 회사 주위에 있다	→	在公司附近 zài gōngsī fùjìn 회사 근처에 있다

17일 듣기 핵심어휘 ⑰

바로 듣기

☑ 잘 외워지지 않는 표현은 박스에 체크하여 복습하세요. 핵심어휘집_17일

상반된 표현

01	□	多 duō 많다	↔	少 shǎo 적다
02	□	赢 yíng 이기다	↔	输 shū 지다
03	□	轻 qīng 가볍다	↔	重 zhòng 무겁다
04	□	轻松 qīngsōng 가뿐하다, 수월하다	↔	紧张 jǐnzhāng 긴장하다
05	□	好听 hǎotīng 듣기 좋다	↔	难听 nántīng 듣기 안 좋다
06	□	推迟 tuīchí 미루다, 연기하다	↔	准时 zhǔnshí 제때에
07	□	伤心 shāngxīn 슬프다, 상심하다	↔	兴奋 xīngfèn 흥분하다, 감격하다
08	□	凉快 liángkuai 시원하다	↔	温度高 wēndù gāo 기온이 높다
09	□	活泼 huópō 활발하다	↔	不爱说话 bú ài shuōhuà 말하는 것을 좋아하지 않다
10	□	睡懒觉 shuì lǎn jiào 늦잠을 자다	↔	早睡早起 zǎo shuì zǎo qǐ 일찍 자고 일찍 일어나다

			↔	
11	□	很干净 hěn gānjìng 깨끗하다	↔	卫生情况差 wèishēng qíngkuàng chà 위생 상태가 나쁘다
12	□	价格便宜 jiàgé piányi 가격이 싸다	↔	价格高 jiàgé gāo 가격이 높다
13	□	经常联系 jīngcháng liánxì 자주 연락하다	↔	很少联系 hěn shǎo liánxì 거의 연락하지 않다
14	□	环境很差 huánjìng hěn chà 환경이 나쁘다	↔	环境很好 huánjìng hěn hǎo 환경이 좋다
15	□	爱吃包子皮 ài chī bāozi pí 만두피를 먹는 것을 좋아한다	↔	不吃皮 bù chī pí 만두피를 먹지 않는다
16	□	可以免费听 kěyǐ miǎnfèi tīng 무료로 들을 수 있다	↔	需要付钱 xūyào fù qián 돈을 지불해야 한다
17	□	材料不合格 cáiliào bù hégé 재료가 기준에 부합하지 않는다	↔	材料完全合格 cáiliào wánquán hégé 재료가 기준에 부합한다
18	□	质量没问题 zhìliàng méi wèntí 품질에 문제가 없다	↔	质量不怎么样 zhìliàng bù zěnmeyàng 품질이 별로 좋지 않다
19	□	考得不太理想 kǎo de bú tài lǐxiǎng 시험을 그다지 만족스럽게 보지 못했다	↔	考得很不错 kǎo de hěn búcuò 시험을 잘 봤다
20	□	遇事总想放弃 yù shì zǒng xiǎng fàngqì 일을 마주할 때마다 늘 포기하고 싶어하다	↔	遇事不会放弃 yù shì bú huì fàngqì 일을 마주했을 때 포기하지 않는다

18일 독해 핵심어휘 ①

☑ 잘 외워지지 않는 어휘는 박스에 체크하여 복습하세요. 🔊 핵심어휘집_18일

❀ 빈출 동사 ①

01	□	保护	bǎohù	동 보호하다
02	□	报名	bàomíng	동 신청하다, 등록하다
03	□	猜	cāi	동 알아맞히다, 추측하다
04	□	超过	chāoguò	동 초과하다, 넘다
05	□	成为	chéngwéi	동 ~이 되다, ~로 변하다
06	□	吃惊	chījīng	동 놀라다
07	□	打扮	dǎban	동 꾸미다, 치장하다
08	□	打招呼	dǎ zhāohu	동 인사하다
09	□	打折	dǎzhé	동 할인하다, 세일하다
10	□	戴	dài	동 쓰다, 착용하다
11	□	倒	dào	동 쏟다, 뒤집다
12	□	道歉	dàoqiàn	동 사과하다, 사죄하다
13	□	丢	diū	동 잃어버리다, 잃다
14	□	翻译	fānyì	동 번역하다, 통역하다
15	□	放弃	fàngqì	동 포기하다
16	□	符合	fúhé	동 부합하다
17	□	付款	fùkuǎn	동 돈을 지불하다
18	□	改变	gǎibiàn	동 바꾸다, 변하다
19	□	赶	gǎn	동 서두르다, 재촉하다
20	□	够	gòu	동 충분하다

21	□ 鼓励	gǔlì	동 격려하다, 용기를 북돋우다
22	□ 挂	guà	동 걸다
23	□ 逛	guàng	동 구경하다, 거닐다
24	□ 回忆	huíyì	동 회상하다, 추억하다
25	□ 积累	jīlěi	동 쌓이다, 누적되다
26	□ 加班	jiābān	동 야근하다
27	□ 降落	jiàngluò	동 착륙하다, 내려오다
28	□ 禁止	jìnzhǐ	동 금지하다
29	□ 举办	jǔbàn	동 개최하다
30	□ 考虑	kǎolǜ	동 고려하다, 생각하다
31	□ 来得及	láidejí	동 (시간적 여유가 있어서) 겨를이 있다, 늦지 않다
32	□ 浪费	làngfèi	동 낭비하다
33	□ 联系	liánxì	동 연락하다
34	□ 麻烦	máfan	동 번거롭게 하다, 귀찮게 하다
35	□ 敲	qiāo	동 두드리다
36	□ 适应	shìyìng	동 적응하다
37	□ 收拾	shōushi	동 정리하다, 치우다
38	□ 躺	tǎng	동 눕다
39	□ 讨论	tǎolùn	동 토론하다
40	□ 提供	tígōng	동 제공하다

19일 독해 핵심어휘 ②

바로 듣기

☑ 잘 외워지지 않는 어휘는 박스에 체크하여 복습하세요. 🔊 핵심어휘집_19일

빈출 동사 ②

01	□	提醒	tíxǐng	동 상기시키다, 일깨우다
02	□	填空	tiánkòng	동 괄호를 채우다, 빈칸에 써 넣다
03	□	推	tuī	동 미루다, 밀다
04	□	推迟	tuīchí	동 지연되다, 미루다
05	□	吸引	xīyǐn	동 매료시키다, 끌어당기다
06	□	羡慕	xiànmù	동 부러워하다
07	□	相信	xiāngxìn	동 믿다, 신뢰하다
08	□	醒	xǐng	동 깨다, 깨어나다
09	□	修理	xiūlǐ	동 수리하다, 고치다
10	□	邀请	yāoqǐng	동 초대하다
11	□	引起	yǐnqǐ	동 (주의를) 끌다, 야기하다
12	□	赢	yíng	동 이기다
13	□	原谅	yuánliàng	동 용서하다
14	□	允许	yǔnxǔ	동 허락하다, 허가하다
15	□	增加	zēngjiā	동 증가하다
16	□	证明	zhèngmíng	동 증명하다
17	□	支持	zhīchí	동 지지하다
18	□	值得	zhídé	동 ~할 가치가 있다
19	□	重视	zhòngshì	동 중시하다
20	□	祝贺	zhùhè	동 축하하다

❀ 빈출 명사·대사 ①

21	□ 包子	bāozi	명 만두, 찐빵
22	□ 传真	chuánzhēn	명 팩스
23	□ 厨房	chúfáng	명 주방
24	□ 地址	dìzhǐ	명 주소
25	□ 对面	duìmiàn	명 맞은편, 건너편
26	□ 方面	fāngmiàn	명 분야, 부분
27	□ 方式	fāngshì	명 방식, 방법
28	□ 房东	fángdōng	명 집주인
29	□ 规定	guīdìng	명 규정, 규칙
30	□ 国籍	guójí	명 국적
31	□ 过程	guòchéng	명 과정
32	□ 汗	hàn	명 땀
33	□ 号码	hàomǎ	명 번호
34	□ 互联网	hùliánwǎng	명 인터넷
35	□ 基础	jīchǔ	명 기초
36	□ 将来	jiānglái	명 미래, 장래
37	□ 结果	jiéguǒ	명 결과
38	□ 距离	jùlí	명 거리
39	□ 垃圾	lājī	명 쓰레기
40	□ 垃圾桶	lājītǒng	명 쓰레기통

20일 독해 핵심어휘 ③

☑ 잘 외워지지 않는 어휘는 박스에 체크하여 복습하세요. 🔊 핵심어휘집_20일

빈출 명사·대사 ②

01	□	零钱	língqián	명 잔돈, 용돈
02	□	毛巾	máojīn	명 수건
03	□	耐心	nàixīn	명 인내심
04	□	年龄	niánlíng	명 연령, 나이
05	□	其中	qízhōng	명 그중에, 그 안에
06	□	巧克力	qiǎokèlì	명 초콜릿
07	□	情况	qíngkuàng	명 상황, 정황
08	□	区别	qūbié	명 차이, 구별
09	□	全部	quánbù	명 전부
10	□	任务	rènwu	명 임무
11	□	日记	rìjì	명 일기
12	□	入口	rùkǒu	명 입구
13	□	勺子	sháozi	명 숟가락, 국자
14	□	首都	shǒudū	명 수도
15	□	速度	sùdù	명 속도
16	□	态度	tàidu	명 태도
17	□	特点	tèdiǎn	명 특징, 특성
18	□	袜子	wàzi	명 양말
19	□	网站	wǎngzhàn	명 웹 사이트
20	□	味道	wèidao	명 맛

21	□	误会	wùhuì	명 오해
22	□	橡皮	xiàngpí	명 지우개
23	□	消息	xiāoxi	명 소식
24	□	效果	xiàoguǒ	명 효과
25	□	心情	xīnqíng	명 기분, 심정
26	□	性格	xìnggé	명 성격
27	□	学期	xuéqī	명 학기
28	□	叶子	yèzi	명 잎
29	□	印象	yìnxiàng	명 인상
30	□	友谊	yǒuyì	명 우정, 우의
31	□	原因	yuányīn	명 원인
32	□	职业	zhíyè	명 직업
33	□	质量	zhìliàng	명 품질, 질
34	□	左右	zuǒyòu	명 가량, 안팎
35	□	作者	zuòzhě	명 작가, 저자
36	□	座位	zuòwèi	명 좌석, 자리
37	□	各	gè	대 여러
38	□	任何	rènhé	대 어떠한
39	□	一切	yíqiè	대 모든
40	□	咱们	zánmen	대 우리

21일 독해 핵심어휘 ④

☑ 잘 외워지지 않는 어휘는 박스에 체크하여 복습하세요. 🔊 핵심어휘집_21일

빈출 형용사

01	□	棒	bàng	형 뛰어나다, 훌륭하다
02	□	差不多	chàbuduō	형 비슷하다
03	□	粗心	cūxīn	형 부주의하다, 조심성이 없다
04	□	错误	cuòwù	형 잘못되다, 틀리다
05	□	复杂	fùzá	형 복잡하다
06	□	共同	gòngtóng	형 공통의, 공동의
07	□	合适	héshì	형 어울리다, 알맞다
08	□	激动	jīdòng	형 감격하다, 감동하다
09	□	及时	jíshí	형 시기적절하다
10	□	假	jiǎ	형 가짜의, 거짓의
11	□	紧张	jǐnzhāng	형 불안하다, 긴장하다
12	□	精彩	jīngcǎi	형 훌륭하다, 뛰어나다
13	□	开心	kāixīn	형 즐겁다, 유쾌하다
14	□	可惜	kěxī	형 아쉽다
15	□	空	kōng	형 비다
16	□	苦	kǔ	형 쓰다
17	□	礼貌	lǐmào	형 예의 바르다
18	□	厉害	lìhai	형 심하다, 대단하다
19	□	流利	liúlì	형 유창하다
20	□	难受	nánshòu	형 불편하다, 괴롭다

21	□ 暖和	nuǎnhuo	형 따뜻하다
22	□ 热闹	rènao	형 왁자지껄하다, 번화하다
23	□ 伤心	shāngxīn	형 슬프다
24	□ 深	shēn	형 짙다, 깊다
25	□ 顺利	shùnlì	형 순조롭다
26	□ 酸	suān	형 시다
27	□ 所有	suǒyǒu	형 모든, 일체의
28	□ 危险	wēixiǎn	형 위험하다
29	□ 香	xiāng	형 (음식이) 맛있다, 향기롭다
30	□ 详细	xiángxì	형 자세하다
31	□ 辛苦	xīnkǔ	형 고생스럽다
32	□ 兴奋	xīngfèn	형 흥분하다, 감격하다
33	□ 严格	yángé	형 엄격하다, 엄하다
34	□ 勇敢	yǒnggǎn	형 용감하다
35	□ 优秀	yōuxiù	형 우수하다, 훌륭하다
36	□ 脏	zāng	형 더럽다
37	□ 真正	zhēnzhèng	형 진정한, 참된
38	□ 正常	zhèngcháng	형 정상적이다
39	□ 直接	zhíjiē	형 직접적이다
40	□ 著名	zhùmíng	형 유명하다, 저명하다

22일 독해 핵심어휘 ⑤

☑ 잘 외워지지 않는 어휘는 박스에 체크하여 복습하세요. 🔈 핵심어휘집_22일

빈출 부사

01	☐	重新	chóngxīn	부 새로, 다시
02	☐	从来	cónglái	부 지금까지, 여태껏
03	☐	大概	dàgài	부 대략, 대강
04	☐	到底	dàodǐ	부 도대체
05	☐	故意	gùyì	부 일부러
06	☐	互相	hùxiāng	부 서로, 상호
07	☐	接着	jiēzhe	부 이어서, 연이어
08	☐	恐怕	kǒngpà	부 아마 ~일 것이다
09	☐	难道	nándào	부 설마 ~하겠는가
10	☐	偶尔	ǒu'ěr	부 가끔, 때때로
11	☐	千万	qiānwàn	부 절대로, 부디
12	☐	确实	quèshí	부 확실히, 정말로
13	☐	稍微	shāowēi	부 조금, 약간
14	☐	是否	shìfǒu	부 ~인지 아닌지
15	☐	顺便	shùnbiàn	부 겸사겸사, ~하는 김에
16	☐	挺	tǐng	부 꽤, 아주
17	☐	尤其	yóuqí	부 특히
18	☐	至少	zhìshǎo	부 적어도, 최소한
19	☐	专门	zhuānmén	부 특별히, 일부러
20	☐	最好	zuìhǎo	부 ~하는 것이 제일 좋다

빈출 접속사·양사·개사

21	□ 不管	bùguǎn	접 ~에 관계없이, ~을 막론하고
22	□ 不过	búguò	접 그러나, 그런데
23	□ 否则	fǒuzé	접 만약 그렇지 않으면
24	□ 尽管	jǐnguǎn	접 비록 ~에도 불구하고
25	□ 即使	jíshǐ	접 설령 ~하더라도
26	□ 既然	jìrán	접 기왕 ~한 이상
27	□ 无论	wúlùn	접 ~든지, ~에 관계없이
28	□ 倍	bèi	양 배, 곱절
29	□ 遍	biàn	양 번, 차례[처음~끝 전 과정을 셈]
30	□ 场	chǎng	양 번, 회
31	□ 公里	gōnglǐ	양 킬로미터(km)
32	□ 节	jié	양 [수업을 세는 단위]
33	□ 棵	kē	양 그루, 포기
34	□ 台	tái	양 대
35	□ 趟	tàng	양 번, 차례[왕래한 횟수를 셈]
36	□ 页	yè	양 페이지, 쪽
37	□ 按照	ànzhào	개 ~에 따라, ~에 의해
38	□ 对于	duìyú	개 ~에 대해, ~에
39	□ 随着	suízhe	개 ~에 따라, ~따라서
40	□ 由	yóu	개 ~이/가

23일 독해 핵심어휘 ⑥

☑ 독해 제2부분 순서 배열에 자주 출제되는 연결어를 암기해 두세요. 🔊 핵심어휘집_23일

짝꿍 연결어

구분	연결어	병음	뜻
전환	虽然/尽管…， 但(是)/可(是)/然而…	suīrán/jǐnguǎn…, dàn(shì)/kě(shì)/rán'ér…	비록 ~이지만, 그러나~
인과	因为…，所以…	yīnwèi…, suǒyǐ…	~때문에, 그래서 ~
	由于…，因此…	yóuyú…, yīncǐ…	~때문에, 이로 인해 ~
	之所以…，是因为…	zhīsuǒyǐ…, shì yīnwèi…	~한 까닭은, ~때문이다
점층	不仅/不但…， 而且/并且/还…	bùjǐn/búdàn…, érqiě/bìngqiě/hái…	~뿐만 아니라, 또한 ~
	不光…，也…	bùguāng…, yě…	~뿐만 아니라, ~도
선후	首先…，其次…	shǒuxiān…, qícì…	가장 먼저~, 그다음~
	先…，然后/再…	xiān…, ránhòu/zài…	먼저~, 그다음~
가정	如果…，就…	rúguǒ…, jiù…	만약 ~라면
	只有…，才…	zhǐyǒu…, cái…	~해야만, 비로소 ~
	即使…，也…	jíshǐ…, yě…	설령 ~하더라도
	要是…， 就…	yàoshi…, jiù…	만약 ~라면
조건	不管/无论…，都…	bùguǎn/wúlùn…,dōu…	~에 상관없이
	只要…，就…	zhǐyào…, jiù…	~하기만 하면
	既然…，就…	jìrán…, jiù…	~인 이상
병렬	除了…，还/也…	chúle…, hái/yě…	~뿐만 아니라, ~도
	一方面…，另一方面…	yì fāngmiàn…, lìng yì fāngmiàn…	한편으로 ~, 다른 한편으로 ~
선택	不是…，而是…	bú shì…, ér shì…	~가 아니라, ~이다

앞 구절에 주로 쓰이는 연결어

구분	연결어	병음	뜻
원인	因为/由于	yīnwèi/yóuyú	~때문에
기타	随着	suízhe	~에 따라

	对(于)…来说	duì(yú)…lái shuō	~에게 있어서
	在…上/中	zài…shang/zhōng	~에/~ 중에
	在…的时候	zài…de shíhou	~할 때
	根据…	gēnjù…	~에 근거하여

뒤 구절에 주로 쓰이는 연결어

전환	可是/但是/不过	kěshì/dànshì/búguò	그러나, 하지만
	然而	rán'ér	그러나
	却	què	오히려, 그러나
	而	ér	~(하)고, ~지만
	其实	qíshí	사실
	否则	fǒuzé	그렇지 않으면
병렬	也	yě	~도
점층	而且	érqiě	게다가, 또한
	甚至	shènzhì	심지어, ~조차도
	尤其	yóuqí	특히, 더욱이
선후	后来	hòulái	나중에, 그 후
	然后	ránhòu	그다음에
	最后	zuìhòu	맨 마지막, 최후
결과	所以/于是	suǒyǐ/yúshì	그래서, 그리하여
	因此	yīncǐ	이 때문에
	可见	kějiàn	~라는 것을 알 수 있다
예시	比如	bǐrú	~이 예다, 예를 들면 ~이다

24일 쓰기 제1부분 핵심어휘

☑ 잘 외워지지 않는 어휘는 박스에 체크하여 복습하세요. 🔊 핵심어휘집_24일

✳ 빈출 동사·명사

01	□ 猜	cāi	동 알아맞히다, 추측하다
02	□ 抽烟	chōuyān	동 담배를 피우다
03	□ 带	dài	동 가지다, 휴대하다, 데리다
04	□ 掉	diào	동 떨어지다, 떨어뜨리다
05	□ 丢	diū	동 잃다, 잃어버리다
06	□ 负责	fùzé	동 책임지다
07	□ 换	huàn	동 바꾸다, 교환하다
08	□ 寄	jì	동 (우편으로) 부치다, 보내다
09	□ 来得及	láidejí	동 (시간적 여유가 있어서) 겨를이 있다, 늦지 않다
10	□ 拿	ná	동 잡다, 쥐다, 가지다
11	□ 引起	yǐnqǐ	동 (주의를) 끌다, 야기하다
12	□ 允许	yǔnxǔ	동 허락하다, 허가하다
13	□ 父亲	fùqīn	명 아버지, 부친
14	□ 功夫	gōngfu	명 쿵후, 재주, 노력
15	□ 毛巾	máojīn	명 수건
16	□ 奶奶	nǎinai	명 할머니
17	□ 数字	shùzì	명 숫자, 수
18	□ 顺序	shùnxù	명 순서, 차례
19	□ 信用卡	xìnyòngkǎ	명 신용카드
20	□ 钥匙	yàoshi	명 열쇠

✳ 빈출 형용사·부사·양사·개사

21	□ 光	guāng	형 조금도 남지 않다, 아무것도 없다
22	□ 国际	guójì	형 국제의, 국제적인
23	□ 辣	là	형 맵다
24	□ 深	shēn	형 깊다
25	□ 顺利	shùnlì	형 순조롭다
26	□ 优秀	yōuxiù	형 우수하다, 뛰어나다
27	□ 重新	chóngxīn	부 새로, 다시
28	□ 到底	dàodǐ	부 도대체
29	□ 竟然	jìngrán	부 뜻밖에도, 의외로
30	□ 难道	nándào	부 설마 ~하겠는가
31	□ 确实	quèshí	부 틀림없이, 확실히
32	□ 十分	shífēn	부 매우, 아주
33	□ 特别	tèbié	부 아주, 특히
34	□ 倍	bèi	양 배, 배수
35	□ 份	fèn	양 부[신문·잡지·문서 등을 세는 단위]
36	□ 篇	piān	양 편, 장[문장·종이의 수를 셀 때 쓰임]
37	□ 位	wèi	양 분, 명
38	□ 种	zhǒng	양 종류, 가지
39	□ 连	lián	개 ~조차도, ~마저도
40	□ 由	yóu	개 ~이/가, ~으로부터

25일 쓰기 제2부분 핵심어휘

☑ 잘 외워지지 않는 어휘는 박스에 체크하여 복습하세요. 핵심어휘집_25일

빈출 제시어

01	□	抱	bào	동 안다
02	□	报名	bàomíng	동 신청하다, 등록하다
03	□	擦	cā	동 닦다
04	□	吃惊	chījīng	동 놀라다
05	□	打针	dǎzhēn	동 주사를 맞다(놓다)
06	□	戴	dài	동 (안경, 모자, 시계 등을) 쓰다, 착용하다
07	□	干杯	gānbēi	동 건배하다
08	□	逛	guàng	동 구경하다, 거닐다
09	□	加班	jiābān	동 야근하다, 초과 근무를 하다
10	□	迷路	mílù	동 길을 잃다
11	□	破	pò	동 찢어지다, 해지다, 깨지다
12	□	抬	tái	동 들다
13	□	躺	tǎng	동 눕다
14	□	讨论/商量	tǎolùn/shāngliang	동 토론하다,의논하다
15	□	推	tuī	동 밀다
16	□	醒	xǐng	동 깨다, 일어나다
17	□	修理	xiūlǐ	동 수리하다, 고치다
18	□	祝贺	zhùhè	동 축하하다
19	□	包子/饺子	bāozi/jiǎozi	명 찐빵/만두
20	□	传真	chuánzhēn	명 팩스

21	□ 大夫	dàifu	명 의사
22	□ 短信/信息	duǎnxìn/xìnxī	명 문자 메시지
23	□ 果汁	guǒzhī	명 주스
24	□ 盒子	hézi	명 (작은) 상자
25	□ 镜子	jìngzi	명 거울
26	□ 老虎	lǎohǔ	명 호랑이
27	□ 日记	rìjì	명 일기
28	□ 塑料袋	sùliàodài	명 비닐봉지
29	□ 味道	wèidao	명 맛
30	□ 牙膏	yágāo	명 치약
31	□ 钥匙	yàoshi	명 열쇠
32	□ 激动/兴奋	jīdòng/xīngfèn	형 감격하다, 흥분하다
33	□ 空	kōng	형 (속이 텅) 비다
34	□ 苦	kǔ	형 쓰다
35	□ 困	kùn	형 피곤하다, 졸리다
36	□ 厉害	lìhai	형 심하다, 대단하다
37	□ 难受	nánshòu	형 아프다, 괴롭다
38	□ 咸	xián	형 짜다
39	□ 伤心	shāngxīn	형 슬퍼하다, 상심하다
40	□ 份	fèn	양 부[신문·잡지·문서 등을 세는 단위], 개[추상적인 것을 세는 단위]

26일 쓰기 제2부분 문장 템플릿

☑ 다양한 문장을 쉽게 만들 수 있는 문장 템플릿을 암기하세요. 🔊 핵심어휘집_26일

✳ 사진 속 상황을 설명할 때 쓰는 문장 템플릿

……在/正在……。 ……zài/zhèngzài…….	~는 ~하고 있다.
……看起来……。 ……kànqǐlai…….	~는 ~해 보인다.
……一边……一边……。 ……yìbiān……yìbiān…….	~는 ~하면서 ~한다.
……又……又……。 ……yòu……yòu…….	~는 ~하고 ~하다.
图片上有……。 Túpiàn shang yǒu…….	사진에는 ~이 있다.
……好像……了。 ……hǎoxiàng……le.	~는 (마치) ~인 것 같다.
……是个很……的人。 ……shì ge hěn……de rén.	~는 ~한 사람이다.
……对……很感兴趣。 ……duì……hěn gǎn xìngqù.	~는 ~에 매우 흥미가 있다.

✳ 사진 속 인물이 할법한 말에 사용하는 문장 템플릿

我特别喜欢……。 Wǒ tèbié xǐhuan…….	나는 ~을 아주 좋아한다.
……让我十分……。 ……ràng wǒ shífēn…….	~은 나를 매우 ~하게 한다.
我每天都会……。 Wǒ měi tiān dōu huì…….	나는 매일 ~하곤 한다.
我认为…对身体很好/不好。 Wǒ rènwéi…duì shēntǐ hěn hǎo/bù hǎo.	나는 ~이 몸에 좋다/나쁘다고 생각한다.

我从来没……过……。 Wǒ cónglái méi……guo…….	나는 여태껏 ~한 적이 없다.
我打算……。 Wǒ dǎsuan…….	나는 ~할 계획이다.
……实在太……了。 ……shízài tài……le.	~는 정말 너무 ~하다.
请你把……给我一下。 Qǐng nǐ bǎ……gěi wǒ yíxià.	저에게 ~을 좀 주세요.
因为我……，所以……。 Yīnwèi wǒ……, suǒyǐ…….	나는 ~하기 때문에, (그래서) ~한다.

✷ 사진 속 인물에게 해줄 수 있는 말에 사용하는 문장 템플릿

你快点儿……吧。 Nǐ kuài diǎnr……ba.	당신 빨리 ~하세요.
我们一起……怎么样？ Wǒmen yìqǐ……zěnmeyàng?	우리 함께 ~하는 것 어때요?
麻烦你可以帮我……吗？ Máfan nǐ kěyǐ bāng wǒ……ma?	죄송하지만 ~해 주실 수 있나요?
你千万别……。 Nǐ qiānwàn bié…….	당신 절대로 ~하지 마세요.
你最好……。 Nǐ zuìhǎo…….	당신은 ~하는 것이 (가장) 좋겠어요.
祝贺你……。 Zhùhè nǐ…….	~을 축하합니다.
我们应该保护……。 Wǒmen yīnggāi bǎohù…….	우리는 ~을 보호해야 해요.

27일 쓰기 제2부분 모범답안 ①

바로 듣기

☑ 자주 출제되는 제시어와 이를 활용한 모범답안을 암기하세요. 🔊 핵심어휘집_27일

✸ 가정·가사 사진 관련 제시어와 모범답안

01 **擦** cā 통 닦다

妈妈正在擦窗户。
Māma zhèngzài cā chuānghu.
엄마는 창문을 닦고 있다.

麻烦你可以帮我擦窗户吗?
Máfan nǐ kěyǐ bāng wǒ cā chuānghu ma?
죄송하지만 창문을 닦아 주실 수 있나요?

02 **抬** tái 통 들다

他们在抬沙发。
Tāmen zài tái shāfā.
그들은 소파를 들고 있다.

我们一起抬沙发怎么样?
Wǒmen yìqǐ tái shāfā zěnmeyàng?
우리 함께 소파를 드는 것 어때요?

03 **破** pò 통 찢어지다, 해지다, 깨지다

图片上有一双破袜子。
Túpiàn shang yǒu yì shuāng pò wàzi.
사진에는 해진 양말 한 켤레가 있다.

儿子，你快点儿把破鞋扔掉吧。
Érzi, nǐ kuài diǎnr bǎ pò xié rēngdiào ba.
아들아, 빨리 찢어진 신발을 버리거라.

04 **空** kōng 형 (속이 텅) 비다

图片上有空行李箱。
Túpiàn shang yǒu kōng xínglǐxiāng.
사진에는 빈 캐리어가 있다.

请你把那个空行李箱给我一下。
Qǐng nǐ bǎ nàge kōng xínglǐxiāng gěi wǒ yíxià.
저에게 그 빈 캐리어를 좀 주세요.

05 **钥匙** yàoshi 명 열쇠

图片上有三把钥匙。
Túpiàn shang yǒu sān bǎ yàoshi.
사진에는 열쇠 세 개가 있다.

请你把桌子上的钥匙给我一下。
Qǐng nǐ bǎ zhuōzi shang de yàoshi gěi wǒ yíxià.
저에게 책상 위에 있는 열쇠를 좀 주세요.

06	**抱** bào 동 안다	**他正在抱着他的女儿。** Tā zhèngzài bàozhe tā de nǚ'ér. 그는 그의 딸을 안고 있다. **麻烦你可以帮我抱孩子吗？** Máfan nǐ kěyǐ bāng wǒ bào háizi ma? 죄송하지만 아이를 안아 주실 수 있나요?
07	**躺** tǎng 동 눕다	**你千万别躺着看书。** Nǐ qiānwàn bié tǎngzhe kàn shū. 당신 절대로 누워서 책을 보지 마세요. **她正在躺着看书。** Tā zhèngzài tǎngzhe kàn shū. 그녀는 누워서 책을 보고 있다.
08	**醒** xǐng 동 깨다, 일어나다	**因为我睡得很早，所以早上8点就醒了。** Yīnwèi wǒ shuì de hěn zǎo, suǒyǐ zǎoshang bā diǎn jiù xǐng le. 나는 일찍 잤기 때문에, 아침 8시에 깼다. **你快点儿醒醒！ 都10点了。** Nǐ kuài diǎnr xǐngxing! Dōu shí diǎn le. 당신 빨리 일어나세요! 10시가 다 되었어요.
09	**盒子** hézi 명 (작은) 상자	**图片上有一个很小的盒子。** Túpiàn shang yǒu yí ge hěn xiǎo de hézi. 사진에는 작은 상자가 한 개 있다. **请你把那个空盒子给我一下。** Qǐng nǐ bǎ nàge kōng hézi gěi wǒ yíxià. 저에게 그 빈 상자를 좀 주세요.
10	**牙膏** yágāo 명 치약	**奶奶正在挤牙膏。** Nǎinai zhèngzài jǐ yágāo. 할머니는 치약을 짜고 있다. **请你把牙膏给我一下。** Qǐng nǐ bǎ yágāo gěi wǒ yíxià. 저에게 치약을 좀 주세요.

28일 쓰기 제2부분 모범답안 ②

☑ 자주 출제되는 제시어와 이를 활용한 모범답안을 암기하세요. 🔊 핵심어휘집_28일

✸ 쇼핑·사교 사진 관련 제시어와 모범답안

	제시어	모범답안
01	逛 guàng 동 구경하다, 거닐다	我们一起去逛街怎么样？ Wǒmen yìqǐ qù guàng jiē zěnmeyàng? 우리 함께 거리를 구경하러 가는 것 어때요? 她是个很喜欢逛街的人。 Tā shì ge hěn xǐhuan guàng jiē de rén. 그녀는 쇼핑하는 것을 매우 좋아하는 사람이다.
02	镜子 jìngzi 명 거울	我特别喜欢照镜子。 Wǒ tèbié xǐhuan zhào jìngzi. 나는 거울을 보는 것을 아주 좋아한다. 小李是个很喜欢照镜子的人。 Xiǎo Lǐ shì ge hěn xǐhuan zhào jìngzi de rén. 샤오리는 거울 보는 것을 매우 좋아하는 사람이다.
03	推 tuī 동 밀다	麻烦你可以帮我推一下吗？ Máfan nǐ kěyǐ bāng wǒ tuī yíxià ma? 죄송하지만 좀 밀어 주실 수 있나요? 妹妹正在推购物车。 Mèimei zhèngzài tuī gòuwùchē. 여동생은 쇼핑 카트를 밀고 있다.
04	塑料袋 sùliàodài 명 비닐봉지	塑料袋里的水果又大又香。 Sùliàodài li de shuǐguǒ yòu dà yòu xiāng. 비닐봉지 안의 과일은 크고 향기로워요. 你快点儿把垃圾放在塑料袋里吧。 Nǐ kuài diǎnr bǎ lājī fàngzài sùliàodài li ba. 당신 빨리 쓰레기를 비닐봉지에 넣으세요.
05	干杯 gānbēi 동 건배하다	他们正在干杯。 Tāmen zhèngzài gānbēi. 그들은 건배하고 있다. 干杯！祝贺你考上了大学。 Gānbēi! Zhùhè nǐ kǎoshangle dàxué. 건배! 당신이 대학에 합격한 것을 축하해요.

06	**戴** dài 동 (안경, 모자, 시계 등을) 쓰다, 착용하다	**我特别喜欢戴帽子。** Wǒ tèbié xǐhuan dài màozi. 나는 모자를 쓰는 것을 아주 좋아한다. **外面很热，你最好戴帽子。** Wàimian hěn rè, nǐ zuìhǎo dài màozi. 밖이 더우니, 당신은 모자를 쓰는 것이 좋겠어요.
07	**讨论/商量** tǎolùn/shāngliang 동 토론하다, 의논하다	**我们一起讨论/商量怎么样？** Wǒmen yìqǐ tǎolùn/shāngliang zěnmeyàng? 우리 함께 토론하는 것 어때요? **我特别喜欢和同事讨论/商量问题。** Wǒ tèbié xǐhuan hé tóngshì tǎolùn/shāngliang wèntí. 나는 동료와 문제를 의논하는 것을 아주 좋아한다.
08	**伤心** shāngxīn 형 슬퍼하다, 상심하다	**她看起来很伤心。** Tā kànqǐlai hěn shāngxīn. 그녀는 슬퍼 보인다. **我从来没这么伤心地哭过。** Wǒ cónglái méi zhème shāngxīn de kūguo. 나는 여태껏 이렇게 슬프게 운 적이 없다.
09	**吃惊** chījīng 동 놀라다	**这件事情让我十分吃惊。** Zhè jiàn shìqing ràng wǒ shífēn chījīng. 이 일은 나를 매우 놀라게 했다. **听到这个消息，她又吃惊又开心。** Tīngdào zhège xiāoxi, tā yòu chījīng yòu kāixīn. 이 소식을 듣고, 그녀는 놀라고 기뻤다.
10	**短信/信息** duǎnxìn/xìnxī 명 문자 메시지	**你快点儿给他发短信/信息吧。** Nǐ kuài diǎnr gěi tā fā duǎnxìn/xìnxī ba. 당신 빨리 그에게 문자 메시지를 보내세요. **我每天都会给朋友发短信/信息。** Wǒ měi tiān dōu huì gěi péngyou fā duǎnxìn/xìnxī. 나는 매일 친구에게 문자 메시지를 보내곤 한다.

29일 쓰기 제2부분 모범답안 ③

☑ 자주 출제되는 제시어와 이를 활용한 모범답안을 암기하세요. 핵심어휘집_29일

음식·여가 사진 관련 제시어와 모범답안

	제시어	모범답안
01	果汁 guǒzhī 명 주스	图片上有一杯果汁。 Túpiàn shang yǒu yì bēi guǒzhī. 사진에는 주스 한 잔이 있다.
		我认为喝果汁对身体很好。 Wǒ rènwéi hē guǒzhī duì shēntǐ hěn hǎo. 나는 주스를 마시는 것이 몸에 좋다고 생각한다.
02	包子/饺子 bāozi/jiǎozi 명 찐빵/만두	我特别喜欢包包子/饺子。 Wǒ tèbié xǐhuan bāo bāozi/jiǎozi. 나는 찐빵/만두를 빚는 것을 특히 좋아한다.
		图片上有很多包子/饺子。 Túpiàn shang yǒu hěn duō bāozi/jiǎozi. 사진에는 많은 찐빵/만두가 있다.
03	苦 kǔ 형 쓰다	这种药实在太苦了，我吃不下去。 Zhè zhǒng yào shízài tài kǔ le, wǒ chī bu xiàqu. 이런 약은 정말 너무 써요. 못 먹겠어요.
		这个不苦，你快点儿喝吧。 Zhège bù kǔ, nǐ kuài diǎnr hē ba. 이건 쓰지 않으니, 빨리 마시렴.
04	味道 wèidao 명 맛	这碗面条味道实在太甜了。 Zhè wǎn miàntiáo wèidao shízài tài tián le. 이 국수는 맛이 정말 너무 달다.
		麻烦你可以帮我尝一尝味道吗？ Máfan nǐ kěyǐ bāng wǒ cháng yi cháng wèidao ma? 죄송하지만 맛 좀 봐 주실 수 있나요?
05	咸 xián 형 짜다	姐姐做的汤看起来很咸。 Jiějie zuò de tāng kànqǐlai hěn xián. 언니가 만든 국은 짜 보인다.
		妈妈，你最好少吃咸的东西。 Māma, nǐ zuìhǎo shǎo chī xián de dōngxi. 엄마, 짠 것을 적게 먹는 것이 좋겠어요.

06	激动/兴奋 jīdòng/xīngfèn 형 감격하다, 흥분하다	他看起来很激动/兴奋。 Tā kànqǐlai hěn jīdòng/xīngfèn. 그는 감격스러워 보인다.
		这场比赛让我十分激动/兴奋。 Zhè chǎng bǐsài ràng wǒ shífēn jīdòng/xīngfèn. 이 경기는 나를 매우 감격시켰다.
07	修理 xiūlǐ 동 수리하다, 고치다	王师傅正在修理汽车。 Wáng shīfu zhèngzài xiūlǐ qìchē. 왕 선생님은 자동차를 수리하고 있다.
		我对修理汽车很感兴趣。 Wǒ duì xiūlǐ qìchē hěn gǎn xìngqù. 나는 자동차를 수리하는 것에 매우 흥미가 있다.
08	日记 rìjì 명 일기	我每天都会写日记。 Wǒ měi tiān dōu huì xiě rìjì. 나는 매일 일기를 쓰곤 한다.
		你最好每天写日记。 Nǐ zuìhǎo měi tiān xiě rìjì. 당신은 매일 일기를 쓰는 것이 좋겠어요.
09	迷路 mílù 동 길을 잃다	李明好像迷路了。 Lǐ Míng hǎoxiàng mílù le. 리밍은 마치 길을 잃은 것 같다.
		这里的路很复杂，你千万别迷路了。 Zhèli de lù hěn fùzá, nǐ qiānwàn bié mílù le. 이곳의 길은 복잡하니, 당신 절대로 길을 잃지 마세요.
10	老虎 lǎohǔ 명 호랑이	我们应该保护老虎。 Wǒmen yīnggāi bǎohù lǎohǔ. 우리는 호랑이를 보호해야 한다.
		图片上有一只老虎。 Túpiàn shang yǒu yì zhī lǎohǔ. 사진에는 호랑이 한 마리가 있다.

30일 쓰기 제2부분 모범답안 ④

☑ 자주 출제되는 제시어와 이를 활용한 모범답안을 암기하세요. 🔊 핵심어휘집_30일

✹ 학교·직장·병원 사진 관련 제시어와 모범답안

	제시어	모범답안
01	报名 bàomíng 동 신청하다, 등록하다	你最好提前报名。 Nǐ zuìhǎo tíqián bàomíng. 당신은 미리 신청하는 것이 좋겠어요. 我打算报名参加英语考试。 Wǒ dǎsuan bàomíng cānjiā Yīngyǔ kǎoshì. 나는 영어 시험 참가 신청을 할 계획이다.
02	传真 chuánzhēn 명 팩스	同事正在用传真发材料。 Tóngshì zhèngzài yòng chuánzhēn fā cáiliào. 동료는 팩스로 자료를 보내고 있다. 麻烦你可以帮我发传真吗？ Máfan nǐ kěyǐ bāng wǒ fā chuánzhēn ma? 죄송하지만 팩스를 보내 주실 수 있나요?
03	份 fèn 양 부[신문·잡지·문서 등을 세는 단위], 개[추상적인 것을 세는 단위]	图片上有三份报纸。 Túpiàn shang yǒu sān fèn bàozhǐ. 사진에는 신문 세 부가 있다. 请你把那份报纸给我一下。 Qǐng nǐ bǎ nà fèn bàozhǐ gěi wǒ yíxià. 저에게 그 신문을 좀 주세요.
04	加班 jiābān 동 야근하다, 초과 근무를 하다	最近我每天都会加班。 Zuìjìn wǒ měi tiān dōu huì jiābān. 요즘 나는 매일 야근하곤 한다. 我打算今天晚上在公司加班。 Wǒ dǎsuan jīntiān wǎnshang zài gōngsī jiābān. 나는 오늘 저녁에 회사에서 야근할 계획이다.
05	祝贺 zhùhè 동 축하하다	祝贺你能顺利毕业。 Zhùhè nǐ néng shùnlì bìyè. 무사히 졸업할 수 있는 것을 축하합니다. 他们在祝贺同事的成功。 Tāmen zài zhùhè tóngshì de chénggōng. 그들은 동료의 성공을 축하하고 있다.

06	困 kùn 형 피곤하다, 졸리다	小王好像困了。 Xiǎo Wáng hǎoxiàng kùn le. 샤오왕은 피곤한 것 같다.
		我昨天加班了，现在又困又累。 Wǒ zuótiān jiābān le, xiànzài yòu kùn yòu lèi. 나는 어제 야근을 해서, 지금 피곤하고 힘들어요.
07	大夫 dàifu 명 의사	大夫正在给病人看病。 Dàifu zhèngzài gěi bìngrén kànbìng. 의사는 환자를 진료하고 있다.
		你最好听听大夫的意见。 Nǐ zuìhǎo tīngting dàifu de yìjiàn. 당신은 의사의 의견을 들어보는 것이 좋겠어요.
08	难受 nánshòu 형 아프다, 괴롭다	她看起来很难受。 Tā kànqǐlai hěn nánshòu. 그녀는 괴로워 보인다.
		今天早上醒来耳朵实在太难受了。 Jīntiān zǎoshang xǐnglai ěrduo shízài tài nánshòu le. 오늘 아침에 깼을 때 귀가 정말 너무 아팠다.
09	厉害 lìhai 형 심하다, 대단하다	因为我疼得很厉害，所以去看了大夫。 Yīnwèi wǒ téng de hěn lìhai, suǒyǐ qù kànle dàifu. 나는 심하게 아프기 때문에, 의사에게 진찰 받으러 갔다.
		我头疼得实在太厉害了。 Wǒ tóuténg de shízài tài lìhai le. 내 머리는 정말 너무 심하게 아프다.
10	打针 dǎzhēn 동 주사를 맞다(놓다)	你快点儿去医院打针吧。 Nǐ kuài diǎnr qù yīyuàn dǎzhēn ba. 당신 빨리 병원에 가서 주사를 맞으세요.
		护士在给小孩儿打针。 Hùshi zài gěi xiǎoháir dǎzhēn. 간호사는 아이에게 주사를 놓고 있다.